AF357881

A LA MÉMOIRE

DE

MONSIEUR L'ABBÉ

LOUIS—HIPPOLYTE RIBARD

LA PAROISSE D'AULAS RECONNAISSANTE

NIMES

IMPRIMERIE LAFARE FRÈRES

PLACE DE LA COURONNE

1880

Encore un nouveau deuil pour le clergé de notre arrondis-
sement ! Après la perte si regrettable du jeune curé de Blan-
das, M. l'abbé Michel, nous avons à déplorer la mort d'un
prêtre vénérable, M. l'abbé Ribard qui vient de rendre le
dernier soupir dans notre ville.

M. l'abbé Ribard était un enfant de nos Cévennes. Les églises
d'Aumessas et d'Aulas l'avaient vu aussi, pendant près de quarante ans, se dévouer avec un zèle infatigable au ministère des
âmes. Dans cette dernière paroisse, surtout, il s'était acquis
une affection profonde auprès de l'excellente population catho-
lique dont il avait défendu avec une indomptable énergie les
libertés et les privilèges . On se rappelle, en effet, la procédure
fameuse qu'il eut à soutenir contre l'édilité protestante du lieu
pour la revendication du droit de jouissance de l'église
paroissiale par le Conseil de Fabrique L'arrêt rendu par
le tribunal du Vigan fut confirmé par les juridictions supé-
rieures et sa teneur a presque aujourd'hui force de loi. Malgré
cette controverse, ses adversaires d'autrefois ont tenu à lui
rendre un dernier hommage en visitant sa dépouille, tant la
loyauté et l'amour du devoir s'imposent à l'admiration de
l'opinion publique.

Les funérailles de ce vétéran du sacerdoce ont été un vrai
triomphe pour l'Eglise. Toutes nos Cévennes étaient là avec
leurs députations nombreuses et sympathiques. Les commu-
nautés de religieuses, les congrégations des paroisses du Vigan

et d'Aulas, le corps de musique de la société Saint-Pierre,
la confrérie des Pénitents, les élèves de l'alumnat des Pères de
l'Assomption, avaient pris place dans les rangs de la procession.
Vingt-cinq prêtres en habit de chœur, au nombre desquels nous
avons remarqué les curés-doyens de Sumène, de Saint-Hip-
polyte-du-Fort, de Saint-André-de-Majencoules et de Valle-
raugue, formaient comme une escorte d'honneur auprès de la
dépouille mortelle du défunt. M. le Curé-archiprêtre présidait
la cérémonie. Les autorités civiles, judiciaires et administra-
tives de notre ville, plusieurs notabilités de la région et une
foule immense suivaient le cortège. Pendant la messe solennelle
de *Requiem*, les mélodies de l'orgue alternaient avec les chants
sacrés. A l'Evangile, l'Oraison funèbre du vénérable ecclésias-
tique a été prononcée, au milieu des larmes de l'assistance, par
M. l'abbé Bassaget, curé d'Aulas.

M. l'abbé Ribard avait demandé de recevoir la sépulture
auprès de nos prêtres décédés au Vigan. C'est là que sa dépouille
mortelle a été portée au milieu d'un grand concours de fidèles
et qu'elle reposera à l'ombre de la croix, entourée de nos res-
pects et de nos regrets.

Le Vigan, 8 mars 1880.

ORAISON FUNÈBRE

DE MONSIEUR L'ABBÉ

LOUIS-HIPPOLYTE RIBARD

ANCIEN CURÉ D'AULAS,

PRONONCÉE LE JOUR DE SES FUNÉRAILLES

Dans l'église paroissiale du Vigan

PAR

M. L'ABBÉ J. BASSAGET
Curé d'Aulas

> *Suscitabo mihi sacerdotem fidelem, qui juxtà cor meum et animam meam faciet.*
>
> Je me susciterai un prêtre fidèle, qui agira selon mon esprit et selon mon cœur.
>
> *Ier Livre des rois,* chap. ii, vers 35.

MES FRÈRES,

Il y a deux mois à peine, réunis dans cette enceinte sacrée, nous rendions ensemble les devoirs funèbres à un jeune prêtre tombé victime des fatigues apostoliques. Aujourd'hui, c'est encore un deuil sacerdotal que le Ciel nous impose, et que cette sympathique et hospitalière cité veut mener avec nous. Que ne puis-je, auprès de la dépouille bénie de ce vétéran du sanctuaire, mêler à la pompe de ses funérailles des accents dignes de celui que nous pleurons et de cette imposante assemblée ! Mais devant cette cendre que mon peuple entoure de regrets et de larmes, lorsque mon affection filiale reste accablée sous le coup qui la frappe, pourrais-je trouver autre chose dans mon cœur que des sanglots. Toutefois, puisque l'Eglise et ses amis le demandent, puisque le devoir de la reconnaissance l'exige, je dirai, en quelques mots, comment notre très respectable et très vertueux confrère, Monsieur l'abbé Louis-Hippolyte RIBARD, ancien curé d'Aulas, fut ce prêtre fidèle que le Seigneur suscita au milieu de nous pour notre édification et pour sa gloire. « *Suscitabo mihi sacerdotem fidelem, qui juxta cor meum et animam meam faciet.* »

I

C'est en l'année 1809 qu'il vit le jour dans la paroisse de Saint-André-de-Majencoules. Cette contrée de nos Cévennes que son attachement inébranlable aux saintes traditions catholiques a fait surnommer *la Terre Blanche*, est pour l'Eglise de Jésus-Christ un champ fertile où germent, avec abondance, les vocations religieuses. Le sacerdoce, le cloître, l'enseignement, y ont recruté tour-à-tour une nombreuse pléiade d'âmes d'élite. On a dit, il est vrai, que le majestueux aspect de nos montagnes où le silence des solitudes n'est troublé que par le bruit des grandes eaux, l'ombrage de nos châtaigniers séculaires, la pureté de notre atmosphère et de notre ciel, étaient bien propres à inspirer à de jeunes cœurs l'éloignement du monde. Mais toutes ces voix de la nature, si puissantes soient-elles, s'évanouiraient comme un vain son, si la foi et la piété n'enseignaient à l'enfance les charmes et les attraits de l'amour divin, si le prêtre du Seigneur ne montrait, au-dessus de ces beautés de la terre, la récompense immortelle promise au laborieux ouvrier de l'Evangile. Ces chrétiennes leçons, Monsieur l'abbé Ribard les avait goû-

tées au foyer de ses pères où fleurissait aussi la vie patriar-
cale. Cependant sa dix-septième année venait de sonner, et
rien ne faisait présager en lui sa mission future, tant il est
vrai que les desseins de Dieu sont impénétrables et que le
temps ne saurait être un obstacle pour l'accomplissement
de sa volonté ! Qu'attend .donc la Providence pour attirer
son élu dans la sainte milice ? Une circonstance solennelle
où les prodiges de la grâce vont ramener la foi des anciens
jours dans nos pays ravagés par l'impiété et la Révolu-
tion.

L'année 1826 vit, en effet, tout une légion d'intrépides
missionnaires sillonner notre France et faire retentir
la parole de Dieu dans les villes comme dans les campa-
gnes les plus reculées. Saint-André reçut alors pour
évangéliser sa population quatre de ces vaillants apô-
tres. La moisson y fut couronnée des fruits les plus con-
solants de salut, et un des messagers de la bonne nouvelle, jeune prêtre de vingt-quatre ans, dont l'éloquence
douce et persuasive n'avait d'égale que son aimable piété,
put déposer au pied des tabernacles une gerbe spirituelle
d'un grand prix pour le Ciel. On ne s'étonnera pas des
succès précoces de ce nouveau Joseph, lorsqu'on saura
que la pourpre romaine abrite aujourd'hui cette grande
âme, à qui sont confiées les destinées de l'illustre Eglise
de Paris. Ces souvenirs si précieux pour la contrée, il
nous a été donné de les recueillir de la bouche de l'émi-
nent Prélat lui-même, mais ce que sa modestie nous avait
caché, monsieur l'abbé Ribard nous l'a révélé bien des
fois ; c'est grâce à son initiative et à son zèle que s'opé-
rèrent à Saint-André des merveilles de sanctification,
et c'est à ses paternels encouragements que notre respectable
ami dut l'insigne faveur de répondre à l'appel d'En-Haut.
Qu'il abandonne maintenant sa famille ; qu'il dise adieu

à ses chères montagnes : qu'il laisse à d'autres le souci des choses de ce monde. Des préoccupations plus élevées sont dignes de fixer son esprit et son cœur, cet esprit et ce cœur qui se montrent déjà si fidèle à la grâce. « *Suscitabo mihi sacerdotem fidelem, qui juxtà cor meum et animam meam faciet.* »

Le Petit-Séminaire de Beaucaire l'admet bientôt au nombre de ses élèves. Il s'y forme à la science et à la vertu sous la conduite de maîtres aussi pieux qu'érudits, et ses compagnons d'études n'ont oublié ni les élans de sa foi généreuse, ni les exemples de sa naïve ferveur. De si heureuses dispositions ne pourront que se développer encore lorsqu'il aura franchi le seuil du sanctuaire. On le verra alors se complaire uniquement dans la pensée de son Dieu et se préparer par le travail et l'oraison à la charge redoutable qu'il doit assumer bientôt. Un jour, prosterné sur les degrés de l'autel, il se relèvera prêtre du Très-Haut. Qui dira les délices ineffables qui remplissent en ce moment tout son être, et combien il brûle de se mêler aux phalanges de l'Eglise pour conquérir des âmes à Jésus-Christ. Mais hâtons-nous de le suivre au sortir de ce nouveau cénacle où il vient de répandre aux pieds du Seigneur et de son Pontife ses vœux et ses serments.

II

Il semble que le ciel veut encourager ses débuts dans le saint ministère en lui faisant rencontrer dans la paroisse de Saint-Florent, dont il devient vicaire, l'antique foi de sa terre natale. Sa piété solide jointe à une volonté des plus fermes sont de précieux auxiliaires pour son zèle. Aussi le bon curé qui partage avec lui la sollicitude pastorale ne se lasse pas de remercier le Seigneur de ce qu'il lui a envoyé un si dévoué coopérateur. A Marguerittes, où l'appellera bientôt la confiance de ses supérieurs, il apporte la même activité et le même goût pour les choses de Dieu. C'est le docile Samuel qui édifie le peuple par sa gravité dans le lieu saint et entoure d'attentions délicates celui à qui incombe la responsabilité des âmes. Mais nos montagnes vont demander à l'Eglise l'enfant à qui elles ont donné le jour. Mieux que personne ne connait-il pas le caractère et les besoins de nos populations cévenoles? Sa santé alors vigoureuse n'a point d'ailleurs à redouter les surprises du climat, et si vous lui parliez des aspérités sans nombre qui hérissent le pays, ne pourrait-il pas vous montrer son berceau comme suspendu aux flancs d'une colline escarpée? Aumessas l'appelle de tous ses vœux, dès qu'il apprend quel trésor de sainteté lui est dévolu. Le troupeau, il est vrai, est ici peu nombreux depuis que le loup ravisseur a désolé la bergerie. Mais la petite phalange est fidèle à sa croyance et à son pasteur, mais l'esprit de charité inspire ses membres, et cette famille chrétienne sera pour son âme une cause de joies et de consolations. Allez donc, jeune envoyé, allez travailler ce coin de la vigne du Maître. Non, ce n'est point dans ce champ que vous rencontrerez des épines sous vos pieds et que le sillon demandera des larmes pour rosée !

Pourquoi faut-il qu'il s'arrache aux douceurs de cette vie tranquille, pour transporter sa tente sur une terre qu'agitent les passions humaines? Mais son évêque le lui commande et il s'en va instruire et édifier le peuple d'Aulas dont il devient le père. Ici les occasions ne lui manqueront pas pour déployer son zèle. Si nous jetons un regard sur le sanctuaire, nous le verrons couvert d'un vieux manteau d'humidité et de ruines. L'air et la lumière distribués avec parcimonie dans le vaste édifice le rendent insalubre et peu digne d'abriter la Majesté de Dieu. Quant au vestiaire sacré, c'est Béthléem avec ses pauvres langes. Attendez quelques jours et vous serez témoins de la merveilleuse transformation qui va s'accomplir. L'Eglise secoue sa poussière et s'embellit. D'élégantes verrières ajoutent à la splendeur du lieu saint et le prêtre pourra monter à l'autel avec des ornements moins indignes de la grandeur de nos mystères. Mais le temple des âmes ne passionne pas moins son ardeur pour le bien. Il met à l'entretenir et à le décorer tout ce que sa foi et son dévouement lui dictent de pieux conseils, de sages exhortations pour ces demeures du divin Esprit. C'est ainsi qu'on le vit, selon la parole de Bossuet, « apporter persévéramment le zèle à la chaire, l'assiduité à la prière, et une patience vigoureuse dans la direction spirituelle » . (1)

Cependant il est une œuvre qui ne cesse de préoccuper sa pensée . Les jeunes filles catholiques d'Aulas ne reçoivent l'instruction que dans une école mixte. Il n'aura ni trève ni repos qu'il ne leur ait ouvert un asile plus chrétien. C'est aux excellentes religieuses de la Sainte-Famille qu'il en confia la direction. Dire les obstacles que rencontra cette fondation si digne d'intérêt et quelles péripéties elle traversa, à diverses époques, est chose impossible. Bornons-nous à proclamer que si l'institution se maintient au milieu des orages, elle doit son existence, après la protection d'En-Haut, aux conseils et au dévouement de Monsieur l'abbé Ribard. Ici, encore, tout fleurit, tout prospère, jusqu'à cette congrégation du Rosaire qu'il

____

(1) Bossuet — Oraison funèbre du R. P. Bourgoing.

dirige si bien par sa parole et ses exemples dans les
voies de la perfection chrétienne, jusqu'à cette confrérie
des Pénitents blancs, jadis l'honneur de la paroisse et le
plus bel ornement de nos fêtes religieuses.

Que manquait-il à cette brillante efflorescence d'œuvres
admirables qui témoignaient et de la vitalité de la foi du
peuple et du zèle étonnant du pasteur ? je le dirai, il man-
quait à ces inspirations du ciel, ce je ne sais quoi d'achevé
que leur donne l'auréole de la persécution. Sans doute,
apôtre de la charité, le prêtre doit entourer son ministère
de prudence, de modération. Mais lorsque la voix de la
douceur reste méconnue et que les appels réitérés à la
concorde et à la bonne harmonie deviennent l'objet
du mépris, doit-il oublier que s'il a « la main gauche
« appuyée sur l'agneau de la paix, il a la droite sur le
« lion de Juda » (1). N'est-il pas, en effet, le défenseur-
né des libertés catholiques, le gardien des droits et des
privilèges de notre sainte Religion ? Et qui pourrait blâ-
mer le soldat d'avoir fait respecter le drapeau que lui
confia son général ! De cette lutte, je parlerai sans crainte
de blesser personne, car aujourd'hui que le calme s'est
fait, qui ne regrette à Aulas, ces errements du passé,
ces diatribes violentes dont l'unique résultat est de per-
pétuer, dans un pays, les discordes et les haines. D'ailleurs, M. l'abbé Ribard ne crut pas devoir assumer, seul,
la responsabilité d'un débat qu'il n'avait pas ouvert. C'est
ainsi qu'il en appela aux sages décisions de la loi et eut
la gloire de provoquer un de ces arrêts qui font époque
dans les annales judiciaires, puisque la cour suprême en
invoquera la teneur en matière litigieuse d'usufruit
des conseils de fabrique. La liberté du culte est donc

(1) Lacordaire, Notices et panégyriques.

assuré aux catholiques d'Aulas ; tout le monde se réjouit de la nouvelle ère de paix qui succède aux jours de la controverse. Les croix pourront reparaitre au sommet de nos édifices sacrés et l'image de la Vierge garder sur notre clocher le trône que nul ne lui disputera plus.

III

Mais, hélas ! toutes ces amertumes de la discussion avaient profondément altéré une santé ébranlée déjà par un apostolat de quarante années. Le jour vint où la main qui avait porté si haut l'étendard de l'Evangile fut impuissante à retenir la houlette pastorale. Combien il fut douloureux, pour tous, ce moment où le vieillard aimé qui avait marqué sa place dans notre cimetière, dut aller demander une hospitalité pour sa tombe, aux portes mêmes de sa chère paroisse ! Et c'est à cette heure si pénible, ô Eglise du Vigan, que vous l'avez accueilli avec cette bienveillante sympathie qui distingue le clergé et le peuple de la noble patrie de d'Assas. Mais il ne venait dans vos murs que « pour jouir quelque temps encore de ces saints et tristes débris de lui-même » (1). Ce fut alors aussi que délivrée des préoccupations absorbantes de la paroisse, cette belle âme s'abandonna plus que jamais aux grandes et salutaires pensées de l'éternité. La prière devint la compagne assidue de ses journées ; la lecture du saint office faisait ses délices, et lorsqu'il fallut arracher à sa main déjà glacée par la mort le bréviaire qu'il ne quittait plus, tant la récitation lui en était devenu difficile, il nous fit

(1) Lacordaire. — Frédéric Ozanam.

cette réponse où sa ferveur se peint tout entière : « Comment voulez-vous que sur le point de quitter ce monde, j'abandonne si lâchement les armes ». Puis, il appelait auprès de lui un des vicaires de la paroisse, et lui disait avec l'accent de la supplication : « Faites-moi entendre encore une fois la prière de mon séminaire. » Vous l'aviez vu à l'autel, chrétiens qui m'écoutez, et sur son angélique visage n'aviez-vous pas aperçu comme un rayon de la beauté éternelle qu'il n'immolait qu'en tremblant !

Parlerai-je ici des austérités qu'il ne cesse d'imposer à son frêle corps, des jeûnes multipliés qu'il lui fait subir, des dures privations auxquelles il le soumet ? Sa modestie prenait un soin extrême à nous les cacher, mais le Ciel voulait que sur ses traits amaigris chacun put lire les leçons de la pénitence. « Ainsi, dit Tertullien, la mortifi- » cation familiarise avec la mort, en la faisant observer » de plus près : *Sœpe jejunans mortem de proximo no-* » *vit.* (1)

Et la mort, en effet, s'avançait à pas lents, marquant chacune de ses étapes par une nouvelle souffrance. Mais il ne la redoute pas, car, pour parler le langage de Bossuet, « il a toujours l'âme en ses mains prête à la rendre au premier signal (2). » O mort, éloigne-toi encore et laisse-nous contempler la résignation du confesseur de Jésus-Christ ! Pendant quelques jours le Ciel semble retenir le coup suprême, peut-être afin de prolonger pour la terre le spectacle de tant de vertus. Cependant, les lueurs d'ici-bas abandonnaient insensiblement ce front couronné de la majesté sereine des ans autant que de l'éclat de la sainteté. C'était vendredi que le pieux moribond souhai-

(1) Tertullien, De Jejun, n. 12.
(2) Bossuet, Oraison funèbre du R. P. Bourgoing.

tait de rendre le dernier soupir pour s'unir plus étroitement
au sacrifice de la Croix.

Mais la Vierge Marie qu'il aimait tant et dont il avait
si glorieusement défendu l'image, l'attendait sur le seuil
de l'éternité, à l'aurore du jour qui lui est consacré. Et le
vieillard s'endormit du paisible sommeil des justes !...
Les blessures de la mort lui ont été légères, et n'est-ce pas
ici qu'il faut redire la parole d'un illustre orateur : « Appro-
» chez, ce n'est pas le juste qui s'endort, c'est plutôt le
» juste qui se réveille, regardez ce n'est plus le saint qui
» prie, c'est l'ange qui adore et qui chante et le sourire
» qui illumine ses lèvres est déjà comme un reflet d'en
» haut. » (1) L'Eglise murmurait alors dans son hymne
matinale avec le nom d'un zélé serviteur de Dieu, ces con-
solantes paroles : « Le Seigneur l'a aimé et il l'a couronné
aux portes du Paradis. *Amavit eum Dominus et ad portas
paradisi coronavit eum.* » (2)

O Père, ô Pasteur, ô incomparable ami ! Non, nous ne
voulons plus verser des pleurs auprès de votre tombe.
Nos larmes ne seraient-elles pas comme une offense pour
votre foi si vive et votre indéfectible espérance ? Mais
puisque vous nous avez quittés dans cette triste vallée de
l'exil, oh ! laissez-nous du moins regarder vers le ciel et
vous dire : Au revoir ! Au revoir, au nom de votre terre
natale qui a envoyé ses fils si chrétiens à cette cérémonie !
Au revoir, au nom des Eglises d'Aumessas et d'Aulas
que vous aviez si tendrement aimées ! Au revoir, au nom
de cette cité qui met aujourd'hui le comble à la vénération
pour vous en vous faisant de magnifiques obsèques ! Au
revoir, au nom de ce pieux archiprêtre dont la parole et

(1) Mgr Besson — Oraison funèbre de M. l'abbé Faivre.
(2) Office des confesseurs non Pontifes.

le cœur vous ont soutenu dans le dernier combat, au nom de vos frères dans le sacerdoce que votre sainte vie laisse dans l'admiration de vos vertus ! Au revoir, au nom du Pontife de Nimes qui bénit de loin votre cercueil et dont l'âme si paternelle partage notre affliction. Au revoir enfin, dans cette éternité bienheureuse, où, réunis auprès du Sauveur Jésus pour ne plus nous séparer, nous pourrons vous saluer encore, avec les anges comme le prêtre fidèle que le ciel avait suscité pour l'honneur de son Eglise et la gloire de son nom : « *Suscitabo animam fidelem qui juxta cor meum et animam meam faciet.* »

www.ingramcontent.com/pod-product-compliance
Lightning Source LLC
LaVergne TN
LVHW010812180726
843502LV00011B/4459